LE

PASSAGE RADZIWILL

OU LA

JOURNÉE AUX PARAPLUIES

VAUDEVILLE EN TROIS ACTES

PAR

MM. E. GRANGÉ, SIRAUDIN ET L. THIBOUST

Représenté pour la première fois, à Paris, sur le théâtre du PALAIS-ROYAL, le 20 novembre 1860.

PARIS

MICHEL LÉVY FRÈRES, LIBRAIRES-ÉDITEURS

RUE VIVIENNE, 2 BIS

1860

Distribution de la pièce

PETIT-MUSC, rentier, 28 ans............	MM. RAVEL.
HILDEBRAND, bourgeois...............	PRADEAU.
CACHALOT, bourgeois..................	PELLERIN.
PLUCHEUX, marchand de parapluies......	HYACINTHE.
FUMICHON, décrotteur..................	POIRIER.
LÉONORA, femme d'Hildebrand..........	Mmes ALINE DUVAL.
AMÉLIE, femme de Cachalot............	DHAMEN.
FANCHETTE, jeune blanchisseuse de fin...	DUBOUCHET.
DEUX DAMES	ROE JANIN. HORTENSE.

A Paris, en 1860.

LE

PASSAGE RADZIWILL

ACTE PREMIER

L'intérieur du passage Radziwill. — Au fond, au milieu, l'escalier tournant conduisant aux huit étages de la maison. — A gauche et à droite de l'escalier, les deux passages. — A gauche du public, l'établissement de bouillon. — A droite du public, premier plan, dans un pan un peu incliné, la boutique du décrotteur Fumichon. — Face au public, entre le couloir de droite et l'escalier, la porte d'une cave.

SCÈNE PREMIÈRE.

PASSANTS, puis FUMICHON, et ensuite FANCHETTE.

(Au lever du rideau, quelques passants traversent le passage. Les uns montent, les autres descendent l'escalier du fond.

FUMICHON, entrant par le couloir de droite et parlant à la cantonade.

C'est convenu, mam'selle Rosalie... Je vas nettoyer les bottines de votre bourgeoise, et vous les reprendrez en revenant du marché... (Entrant en scène.) Dépêchons-nous de les vernir... (Il va pour entrer dans sa boutique.)

FANCHETTE, entrant avec un panier de linge au bras.

Bonjour, mon cousin Fumichon !

FUMICHON.

Fanchette !... C'est vous, cousine?

FANCHETTE.

Oui; je viens reporter du linge dans la maison... (Elle va pour monter l'escalier.)

FUMICHON.

Eh bien, vous me quittez comme ça sans un petit mot d'amitié?... moi qui vous idole !...

FANCHETTE.

Oh ! pour ça, vous avez joliment tort, mon cousin Fumichon.

FUMICHON.

Vous ne m'aimez pas?...

FANCHETTE, naïvement.

Je ne peux pas vous souffrir, mon cousin Fumichon.

FUMICHON.

Bah! Et à cause?...

FANCHETTE.

J'ai une attache pour un autre... une fière attache, allez, mon cousin Fumichon.

FUMICHON.

Et il veut vous épouser?...

FANCHETTE.

Non... il ne veut pas... ça n'entre pas dans ses idées.

FUMICHON.

Mais c'est révoltant!... Mais il vous trompe, alors?

FANCHETTE.

Non, il m'a prévenue. Il est joliment honnête, allez, ce jeune homme-là!

FUMICHON.

Honnête!... par exemple!...

FANCHETTE.

J'ai fait sa connaissance un soir qu'il pleuvait; il m'a offert son parapluie.

FUMICHON.

Et vous avez accepté?

FANCHETTE.

Puisqu'il pleuvait!... Il m'accompagna comme ça jusqu'à ma porte.

FUMICHON, *furieux*.

Jusqu'à votre porte!... Ah! le gredin!

FANCHETTE.

Ah! il m'aime... La preuve, c'est qu'un jour, en venant m'apporter un faux col à blanchir, il a trouvé chez moi un vieux monsieur, une pratique, qui me faisait une déclaration...

FUMICHON.

Encore un amoureux!

FANCHETTE.

Et il lui a donné une danse, en lui en promettant une autre chaque fois qu'il le rencontrerait. Si bien que le vieux n'a pas demandé son reste, et qu'il s'est sauvé en lui laissant dans la main le cachet de sa montre.

FUMICHON, *riant*.

Ah! ah! c'est bien fait.

FANCHETTE.

Oh! j'ai eu une peur!...

FUMICHON.

Ainsi, vous me refusez?

FANCHETTE.

J'aime mieux mon Anatole.

FUMICHON.

Moi qui vous idole!... Oh! les femmes!

FANCHETTE.

Je vas reporter mon linge... Sans rancune, mon cousin Fumichon.

ENSEMBLE.

Air des *Enfants terribles.*

Ceux qui nous aiment le plus
N'éprouvent que nos refus ;
On aim' sans savoir pourquoi :
De l'amour telle est la loi !

(Fumichon rentre désespéré dans sa boutique ; Fanchette monte l'escalier du milieu.)

SCÈNE II.

AMÉLIE, CACHALOT.

AMÉLIE, paraissant sur l'escalier. — Avec agitation.

M'a-t-il vue?... Ah ! je suis toute tremblante !

CACHALOT, paraissant et descendant l'escalier.

C'était bien elle !

AMÉLIE, l'apercevant.

C'est lui !... (Elle descend tout à fait l'escalier et tourne à gauche. — Cachalot court et tourne à gauche prenant le même chemin ; mais on voit Amélie revenir par l'autre corridor. — A part.) Je suis perdue !.. Que faire? Ah ! cette cave. (Elle s'y cache. — Cachalot reparaît par le couloir de droite, et va regarder dans celui de gauche. — Alors Amélie sort de la cave et se glisse doucement dans l'escalier. — A part.) Vite, chez Léonora ! (Elle remonte et disparaît.)

CACHALOT, seul.

Disparue !.. elle m'échappe encore ! Car c'est bien elle !... Elle est entrée par la rue des Bons-Enfants. Ah ! peut-être est-elle sortie par la rue de Valois... Non, car j'ai couru bien vite rue de Valois. Il est vrai que, pendant que j'étais rue de Valois, elle a pu filer par la rue des Bons-Enfants. Courons ! (Il se précipite et se cogne contre Hildebrand qui descend l'escalier ; ils tombent tous deux sur les marches.)

SCÈNE III.

HILDEBRAND, CACHALOT.

CACHALOT, assis sur l'escalier.

Animal ! idiot !

HILDEBRAND, de même.

Imbécile ! bête brute !

CACHALOT, le reconnaissant.

Hildebrand !

HILDEBRAND, de même.

Cachalot !

CACHALOT.

Tu vas bien, mon vieux ?

HILDEBRAND.

Et toi, ma pauvre vieille ?

UN GARÇON PATISSIER, venant du haut, une manne sur la tête.

Pardon, messieurs, peut-on passer ? (Hildebrand et Cachalot se lèvent. — Le pâtissier passe et sort par la droite.)

CACHALOT ET HILDEBRAND.

Ce cher ami ! (Ils se serrent la main.)

HILDEBRAND.

Comme on se rencontre !

CACHALOT.

Deux vieux amis !... Voilà un hasard !

HILDEBRAND.

Pas le moins du monde... Je demeure ici, moi, passage Radziwill.

CACHALOT.

Tiens !... Et moi aussi.

HILDEBRAND.

Depuis un an.

CACHALOT.

Moi de même... A quel étage ?

HILDEBRAND.

Au deuxième... Et toi ?

CACHALOT.

Moi aussi, au deuxième.

CACHALOT.

Comment se fait-il que nous ne nous soyons jamais rencontrés ?

CACHALOT.

En effet, c'est bizarre... (Comme frappé d'une idée.) Ah ! j'y suis !

HILDEBRAND.

Quoi donc ?

CACHALOT.

Ton entrée est là, par la gauche ?

HILDEBRAND.

Oui.

CACHALOT.

Moi, c'est ici, par la droite ; et comme il y a deux escaliers l'un sur l'autre, formant double spirale...

HILDEBRAND.

Double colimaçon... Soit qu'on descende ou qu'on monte, on ne se rencontre jamais.

CACHALOT.

C'est ça ! (Lui serrant la main.) Ce cher Hildebrand !

HILDEBRAND.

Dis donc, je suis marié !

CACHALOT.

Bah ! tu es ?...

HILDEBRAND.

Oui... un mariage superbe... J'ai épousé une nommée Léonora Cascarino-Cascarini, l'arrière-petite-fille du dernier doge de Venise, un gonfalonier de première classe.

CACHALOT.

Allons donc !

HILDEBRAND.

Une des familles les plus chic de Venise, actuellement en état de gêne... pas Gênes... Piémont... gêne... débine... Quand j'ai connu cette famille, elle ne brillait point par le macaroni... C'est tout un roman... Ah çà ! et toi, tu es marié aussi ?

CACHALOT, avec émotion.

Mon pauvre ami !

HILDEBRAND.

Hagne !... En as-tu des preuves?

CACHALOT.

Cette nuit, son sommeil était agité, elle gigottait sur la couche nuptiale.

HILDEBRAND.

Ça n'est pas une preuve. Eh ! mon Dieu ! qu'est-ce qui ne gigotte pas un peu dans la vie ?

CACHALOT.

Attends donc! Tout à coup elle formula un nom d'homme... Edmond... Comprends-tu? Edmond !... et je m'appelle Hippolyte !

HILDEBRAND.

Hagne !... Mais ça n'est pas encore une preuve !

CACHALOT.

Ah çà! est-ce que tu te moques de moi ?

HILDEBRAND.

Les premiers jours de mon mariage, Léonora, mon épouse, répétait en dormant : « Paoli ! Paoli ! »

CACHALOT.

Paoli ! en dormant?

HILDEBRAND.

Et je m'appelle Gustave... Ça n'avait aucune importance... c'était le nom d'un parent, un gonfalonier de troisième classe qui vivait maritalement avec la reine de Chypre, en 1321.

CACHALOT.

Mais cet Edmond... quel est cet Edmond qui, d'accord avec l'infidèle, veut fambroiser mon existence ?

HILDEBRAND.

Cachalot, tu es jaloux ! (Leonora paraît sur l'escalier.)

CACHALOT.

Est-ce que tu ne l'es pas, toi ?

HILDEBRAND.

Moi ? Pas le moins du monde ! (Léonora s'approche.)

SCÈNE IV.

LES MÊMES, LÉONORA.

HILDEBRAND, la voyant.

Ah ! ma femme ! *la mia sposa*. Mon ami, je te présente Léonora, ma femme... Léonora, je te présente un vieil ami à moi, qui nous fera aujourd'hui le plaisir de dîner avec nous ; car je t'invite... nous avons quelques amis... A cinq heures... Tu connais l'escalier ? (Léonora salue légèrement et en lorgnant.)

CACHALOT.

J'accepte ! (A Léonora.) Madame, croyez que...

LÉONORA.

Bene ! basta !

CACHALOT.

Plaît-il?

HILDEBRAND, bas.

Elle te dit de te taire, mon ami.

CACHALOT, à part.

Ah çà ! elle est malhonnête, cette femme-là !

LÉONORA, à Hildebrand.

Que disiez-vous ? Que vous n'êtes pas jaloux?... Vous avez tort; soyez jaloux ; il y va de vos jours.

HILDEBRAND, souriant.

De mes jours ?

LÉONORA.

Suivez bien mon raisonnement. Si vous ne me surveillez pas, j'aurai la douleur de vous tromper ; si je vous trompe, j'aurai à rougir devant vous, et comme je ne veux rougir devant personne, je vous supprime.

HILDEBRAND.

Hein?... Mais c'est une plaisanterie!

LÉONORA.

Je vous en donne ma parole d'honneur. Quand une femme trompe son mari, c'est la faute du mari ; il doit en subir les conséquences... Méfiez-vous, Gustave... Si j'ai un moment de faiblesse... couic !... avec le stylet de ma mère!...

HILDEBRAND, inquiet.

Sapristi ! mais ça n'est pas logique du tout.

LÉONORA.

Époux d'une Italienne, veillez!

HILDEBRAND.

Pardon, mais...

LÉONORA.

Bene! basta!

HILDEBRAND.

Plaît-il?

CACHALOT, bas, à Hildebrand.

Elle te dit de te taire.

HILDEBRAND.

Parbleu! j'entends bien.

LÉONORA.

J'allais chez ma corsetière... mais puisque vous voilà, vous irez... (Elle lui donne un corset.) Trop étroit du haut... par devant. Est-ce que cette femme s'imagine que j'ai la plaine Saint-Denis dans mon corset?

HILDEBRAND, tirant sa montre.

J'y vais, chère amie... Et, en revenant, je réglerai ma montre sur le canon du Palais-Royal.

LÉONORA.

Tiens! je n'avais pas remarqué... Où sont donc vos breloques?

HILDEBRAND, à part.

Hagne! (Haut.) A raccommoder, ma minette... (A part.) Cachons-lui l'épisode de la blanchisseuse... en ce moment surtout!

LÉONORA.

A revedersi!... J'ai du monde chez moi.

HILDEBRAND, effrayé.

Un homme?

LÉONORA.

Non, rassurez-vous. Une amie de pension.

HILDEBRAND.

Ah! je respire!

LÉONORA.

Ne respirez pas tant! Depuis huit jours, je suis accostée par un jeune homme dont j'ai fait la connaissance sur le pont d'Arcole.

HILDEBRAND.

Hein?

LÉONORA.

Il pleuvait; ce jeune homme m'offrit son parapluie. — J'acceptai. — Les jours suivants, je le rencontrai derechef... Il repleuvait; car il pleut volontiers, cet été. Il m'offrit d'autres parapluies, j'acceptai.

HILDEBRAND.

Sapristi!... C'est donc ça qu'il y a tant de parapluies chez moi!... Ah! le coquin!

LÉONORA.

Ce jeune homme est aimable... Il est brun et s'appelle Ludovic; méfiez-vous!... Vous êtes prévenu; c'est votre affaire... (A Cachalot.) Quant à vous, se soir, à cinq heures... *Tagliarini*, côtes millanaises, *polenta, strachino,— felicenotte!*..

HILDEBRAND.

Pardon!... Mais ce jeune homme...

LÉONORA.

Ah! je vous en ai dit assez; le reste vous regarde... (Lui prenant la main avec force.) Mais, je te le répète Gustave: Tu es le gardien de mon honneur; je suis Italienne. Si je succombe... couic!...

HILDEBRAND, terrifié.

Avec le stylet de sa mère!...

ENSEMBLE.

Air :

LÉONORA, seule d'abord.

Je suis, monsieur, fille d'un doge ;
Ce titre doit m'être sacré.
Donc, à l'honneur si je déroge,
C'est vous que je massacrerai !
Je suis, monsieur, etc.

HILDEBRAND, à part.

Singulier droit qu'elle s'arroge !
A son devoir, contre mon gré,
Si quelque jour elle déroge,
De périr je suis assuré !

CACHALOT, à part.

Singulier droit qu'elle s'arroge !
A son devoir, contre son gré,
Si quelque jour elle déroge,
De périr il est assuré !

LÉONORA, se retournant après l'ensemble.

Avec le stylet de ma mère! (Elle disparaît par l'escalier.)

CACHALOT, abasourdi.

Qu'est-ce que c'est que cette femme-là?

HILDEBRAND.

Ah! *per Bacco!*... nom d'un petit bonhomme! c'est qu'elle le ferait comme elle le dit!...

CACHALOT.

Elle te tuerait?

HILDEBRAND.

Comme un lapin, mon ami... Je cours chez la corsetière, et je reviens la surveiller.

CACHALOT.

Oh! cet Edmond... comment le dénicher?

HILDEBRAND.

Mais, ce Ludovic... où est-il?

CACHALOT.

Infâme Edmond!

HILDEBRAND.

Canaille de Ludovic, va! (Ils sortent tous les deux par les couloirs de gauche et de droite.)

SCÈNE V.

PASSANTS, puis PETIT-MUSC.

(Des passants envahissent le théâtre. Les uns ont des mouchoirs sur leurs chapeaux. — Les dames relèvent leurs jupes.)

CHOEUR.

Air :

Quel temps affreux
Et pluvieux!
Pour les piétons, c'est ennuyeux!
Contre l'orage,
En ce passage,
Abritons-nous quelques instants.
Séchons un peu nos vêtements
Mouillés par cet horrible temps!

LA VOIX DE PETIT-MUSC, en dehors.

Chand d' parapluies!.. chand d' parapluies! (Il entre en scène. — Il est vêtu à la dernière mode, une rose à la boutonnière, et porte plusieurs parapluies élégants emprisonnés dans un fourreau.) Ah! voilà un joli petit amour de chien de temps par exemple!

UN MONSIEUR.

Marchand, donnez-moi un parapluie, vivement!

PETIT-MUSC.

Non, non, non... ils sont tous retenus pour une noce. (Le monsieur s'éloigne.)

CHOEUR REPRISE.

Quel temps affreux!

(Les passants sortent par les diverses issues.)

SCÈNE VI.

PETIT-MUSC, puis UNE DAME.

PETIT-MUSC, seul au public.

Moi, pas du tout marchand de parapluies, moi, homme du monde, fils de famille... Mais, me direz-vous, tu as un tas de riflards dans un fourreau? — Eh bien, qu'est-ce que ça prouve? — Ça prouve que tu en vends. — Ah çà! voyons, est-ce que j'ai l'air d'un marchand de... Vous m'insultez! Je vais vous donner ma carte... (Il tire une carte de sa poche et lit:) « Du Petit-Musc, rentier, 26, rue de la Victoire... Je n'épouse pas. » Ah! ah! ah! vous comprenez, hein?.. Eh bien, oui, monsieur, j'aime les femmes; c'est une vocation qui m'est venue en nourrice, et que j'ai développée plus tard par des études sérieuses... Mais ce que j'aime surtout, c'est l'imprévu, c'est-à-dire, cette bottine qui passe, cette robe qui ondule et disparaît; en un mot, la femme que je ne connais pas... Comment faire sa connaissance? (Frappant sur ses parapluies.) Avec ceci. Vous allez voir... vous allez voir! Tout le monde sait que, par un phénomène de physique assez bizarre, quand il pleut, ça mouille les personnes. Or, quelquefois, une dame se dit : « Oh! il ne pleuvra pas aujourd'hui. » Elle sort sans parapluie... Vous allez voir... Voilà ma petite dame dans la rue... Bon!.. Elle va... elle fait des petites manières... comme ça... Tout à coup, patapoum! broum! broum!... une ondée, une saucade, un déluge, quoi!... « Oh ciel! mon chapeau neuf!... mon cachemire, ma robe! » Et la petite dame cherche un abri dans un passage quelconque... Alors, nous nous approchons, moi et mes parapluies... Et, tenez, justement, en voilà une!... (Au public.) Vous allez voir... vous allez voir...

UNE DAME, mise avec recherche, entrant et à part.

Ah! quel temps, mon Dieu!

PETIT-MUSC, s'approchant.

Mon Dieu, madame, voulez-vous me permettre...

LA DAME.

Un parapluie! je suis sauvée!... Combien?

PETIT-MUSC.

Rien, madame...

LA DAME.

Mais, monsieur...

PETIT-MUSC.

Moi, pas marchand... moi, homme du monde, fils de famille!... Je n'épouse pas... (Au public.) Je glisse adroitement que je n'épouse pas!... (Haut.) Trop heureux de rendre un léger service à une dame charmante.

LA DAME.

En vérité, monsieur, je ne sais si je dois...

PETIT-MUSC.

Madame, je vous jure que je serais dans votre position, vous m'offririez un parapluie... j'accepterais... Veuillez me donner votre adresse, j'enverrai mon domestique chercher mon petit meuble...

LA DAME.

J'accepte donc, monsieur; voici ma carte... Agréez tous mes remerciemen s.

PETIT-MUSC, saluant.

Madame...

LA DAME.

Monsieur... (Elle sort.)

PETIT-MUSC, seul, au public.

Ce n'est pas plus difficile que ça! Demain, j'y vais moi-même, ganté de gris-perle... je trouve la dame... je fais des mots, je risque quelque propos badins... (Au public.) Savez-vous ce que j'ai fait de malheureuses comme ça?... trois cent soixante-deux... (Lisant la carte.) Louise Durançay, ça fera trois cent soixante-trois... Que voulez-vous! moi, j'aime les femmes... Et ma souricière, la voici... le passage Radziwill... ce vieil immeuble resté debout malgré la triangulation; le passage Radziwill, ce colimaçon centenaire à neuf étages, dont j'ai fait une garenne, un rendez-vous de chasse, un parc aux biches pour mon usage particulier...

Air nouveau de MANGEANT.

Passage Radziwill,
De novembre en avril,
J'établis sans péril (*bis*
Mon domaine civil.
Vif, adroit et subtil,
Je prends par mon babil
Plus d'un joli profil (*bis*),
Passage Radziwill.

Point de passage plus commode
Que le passage Radziwill.
Il n'est pas des plus à la mode,
Mais que tout cela me fait-il ?
S'il est obscur, soyez sans crainte,
Mesdames, passez sans péril ;
Dans ce moderne labyrinthe
D'Ariane je tiens le fil.
Passage Radziwill, etc.

LA VOIX DE PLUCHEUX, en dehors, à gauche.

Chand d' parapluies!... chand!

PETIT-MUSC, riant.

Tiens!... un confrère! (Passe une autre dame.) Madame, un parapluie!

LA DAME.

Combien?

PETIT-MUSC.

Rien!

LA DAME, riant.

Ah! c'est trop cher! (Elle monte l'escalier.)

PETIT-MUSC, la suivant.

Je suis un homme du monde... un fils de famille!... (Au public.) Elle y viendra, allez!... 364! (Il disparaît derrière elle, par l'escalier.)

SCÈNE VII.

PLUCHEUX, seul, venant de la droite, puis FUMICHON.

(Plucheux porte, dans un énorme fourreau, de gros parapluies rouges, jaunes et verts.)

Chand d' parapluies!... chand!... C'est épatant, je n'en vends pas un! Depuis huit jours, j'ai la guigne!... Il est vrai que je n'ai pas la tête à mon négoce!... J'aime, je suis mordu au cœur par une cuisinière... une grosse boulote... une rude femme, allez!... mam'selle Rosalie. (Il soupire.) Faut vous dire qu'elle était en service, rue Miromesnil; mais paraîtrait que ses bourgeois l'ont balancée... Pour lors, j'avais perdu sa trace, quand, hier, ô bonheur! j'ai appris par la fruitière qu'elle était cordon-bleu chez un nommé Hildebrand, ici, passage Radziwill, au deuxième. Je suis près d'elle, je perche dans ses environs... je respire son azote!.. Comment lui faire savoir que je suis ici? O amour! inspire un marchand de parapluies qui a la guigne! Rapproche-moi de celle pour qui j'en pince!

FUMICHON, sortant de sa boutique.

Et cette Rosalie qui ne revient pas!.. Encore à quelque rendez-vous? Enfin, montons les bottines de madame Hildebrand.

PLUCHEUX, à part.

Hildebrand!... des bottines!... Si j'osais... (Haut.) Bonjour, monsieur Fumichon; ça va bien?

FUMICHON.

Tiens! le marchand de riflards!

PLUCHEUX.

Ah! les jolies bottines! Faut que j'en fasse faire d'équivalentes à ma bonne amie. Prêtez donc voir que je voye. (Il les prend.)

FUMICHON.

C'est les bottines à madame Hildebrand; je vas les porter à mam'selle Rosalie.

PLUCHEUX, à part.

Rosalie!

UNE VOIX DANS LA BOUTIQUE.

A la boutique!

FUMICHON.

Voilà! (Il rentre.)

PLUCHEUX, seul.

Eh! vite!... (Il tire un morceau de craie de sa poche, et écrit rapidement sous les semelles.) O amour! Elle viendra à ce rendez-vous... et alors... oh! alors, il y aura de beaux jours pour la France!

FUMICHON, revenant.

La... passez-moi ça... on attend après...

PLUCHEUX, lui rendant les bottines.

Voilà, monsieur Fumichon. (Fumichon monte l'escalier.)

PLUCHEUX, radieux.

Monte, mon bonhomme, monte... En voilà une idée mirobolante, hein ?

SCÈNE VIII.

PETIT-MUSC, PLUCHEUX.

PETIT-MUSC, rentrant.

J'en ai encore placé deux... Je trouve que le commerce va assez bien.

PLUCHEUX, à part.

Mon confrère !... Bigre ! il est bien couvert.

PETIT-MUSC, à part.

Mon collègue ! Il est vilain !

PLUCHEUX.

C'est lui qui m'empêche de vendre... Si je pouvais l'intimider... (Criant en faisant de gros yeux.) Chand de parapluies !

PETIT-MUSC, d'un air menaçant.

Chand d' parapluies!

PLUCHEUX, d'un ton très-doux.

Chand d' parapluies!

PETIT-MUSC, de même.

Chand d' parapluies!

ENSEMBLE, en se saluant avec une exagération de politesse.

Chand d' parapluies ! (Plucheux sort.)

SCÈNE IX.

PETIT-MUSC, LÉONORA.

PETIT-MUSC, lisant une carte.

Voyons... voyons... mon numéro 364 s'appelle : « Zoé de Saint-Alphonse, Bréda, 24. » Une biche surprise par l'orage !

LÉONORA, qui a descendu l'escalier, et à part.

Cette pauvre Amélie qui n'ose sortir.

PETIT-MUSC.

Ciel ! l'ange du pont d'Arcole!

LEONORA.

Encore vous, monsieur?

PETIT-MUSC.

Toujours moi, oui, madame.

LÉONORA.

Mais, monsieur, c'est de la tyrannie!... Laissez-moi, je ne vous dois rien.

PETIT-MUSC, avec aplomb.

Pardonnez-moi, madame... vous me devez sept parapluies taffetas grenat extra-fin, grande largeur... dans les prix de quinze francs l'un dans l'autre... Ah! vous êtes une de mes bonnes pratiques, vous.

LÉONORA.

C'est bien, monsieur, on vous les rendra.

PETIT-MUSC.

Mais vous m'avez refusé votre adresse, madame; mais j'ignore votre nom et votre numéro... Et d'ailleurs, si vous me rendez mes parapluies, me rendrez-vous mon cœur? Me le rendras-tu, dis, mon cœur? Vous me l'avez volé sur le pont d'Arcole... en plein jour. Il y avait des sergents de ville, et ils n'ont rien dit... C'est révoltant!

LÉONORA.

Monsieur, voulez-vous me laisser, oui ou non?

PETIT-MUSC.

Non, madame... Puisque vous me donnez le choix, j'aime mieux non.

LÉONORA.

Prenez garde, monsieur... je suis Italienne, et...

PETIT-MUSC.

Italienne!... Ah! je m'en suis douté le premier jour.

LÉONORA.

Vraiment!

PETIT-MUSC.

Parole d'honneur!

Air d'*Yelva*.

A votre aspect, charmante Italienne,
Je crus avoir franchi le Saint-Bernard;
Votre épagneul, de race américaine,
Me fit l'effet du lion de Saint-Marc.
Je rêvais lagune et gondole,
Et du Lido j'entendais les zéphyrs.
Que vous dirai-je? Enfin, le pont d'Arcole
Fût pour moi le pont des Soupirs!

LÉONORA, souriant, à part.

Il est original! (Devenant grave. — Avec une inflexion dramatique.) Ah! que mon mari se tienne bien!

PETIT-MUSC, à part.

Je crois que ça mord.

LÉONORA.

Écoutez, Ludovic...

PETIT-MUSC, étonné.

Ludovic!... (A part.) Ah ! oui, je varie mes petits noms.

LÉONORA.

Vous avez quelqu'esprit...

PETIT-MUSC.

Oui... en me chatouillant, ça va assez.

LÉONORA.

Mais vos poursuites m'énervent, me rendent malade... Je vous prie de les cesser.

PETIT-MUSC.

Apportez-moi une attestation de votre médecin... apportez-la chez moi... Tenez... (Il veut lui remettre sa carte.) Du Petit-Musc, rentier, 26, rue de la Victoire... Je n'épouse pas.

LÉONORA.

Ah! vous n'épousez pas, vous?

PETIT-MUSC.

Non... c'est l'habitude dans ma famille.

LÉONORA.

Du reste, je suis mariée.

PETIT-MUSC.

Ah! ça se trouve joliment bien alors !.. Voyons... Bianca...

LÉONORA.

Non... pas Bianca.

PETIT-MUSC.

Lucrezia...

LÉONORA.

Pas Lucrezia non plus.

PETIT-MUSC.

Catarina...

LÉONORA.

Qu'avez-vous besoin de savoir mon nom? Je m'appelle Léonora.

PETIT-MUSC.

Léonora ! Je m'en doutais !

LÉONORA.

Tenez, Ludovic, ne m'offrez plus de parapluies, je vous en prie. Il y va de la vie de mon mari !

PETIT-MUSC.

Peuh ! Doit-on s'arrêter aux détails ?..

LÉONORA.

Je vous en supplie.

PETIT-MUSC, à part.

Elle mollit !

LÉONORA, à part.

Il a l'œil des Borgia ! Ah ! que mon mari se tienne bien ! (Arrachant elle-même un parapluie du fourreau.) Jeune homme, j'en accepte encore un ; mais je vous défends de me suivre.

ENSEMBLE.

Air des *Barbettes*.

LÉONORA.

Qu'un pareil supplice
Finisse !
Assez de propos audacieux!
Ne croyez pas que je faiblisse,
Car je veux
Fuir tous les amoureux!

PETIT-MUSC.

Ah! que mon supplice
Finisse!
Ton amour peut seul combler mes vœux.
A mon cœur que ton cœur s'unisse,
Car tes yeux
Veulent un amoureux!

(Léonora s'échappe.)

SCÈNE X.

PETIT-MUSC, FANCHETTE.

PETIT-MUSC, gambadant.

Allons, allons! l'Italienne fait des concessions. Je m'accroche à elle. (Au moment où il va courir après Léonora, il heurte Fanchette qui descend l'escalier.) Oh !...

FANCHETTE.

M. Anatole !

PETIT-MUSC, à part.

Fanchette !.. C'est une tuile !

FANCHETTE, riant.

Ah! mon Dieu, comme vous avez donc des parapluies!

PETIT-MUSC, gravement.

Oui... je collectionne... j'ai la tocade des parapluies... Ce sont des riflards historiques.

FANCHETTE.

Ah! Anatole, qu'avez-vous? Vous êtes froid avec moi.

PETIT-MUSC.

Vous vous abusez, Chéchette! Je suis d'une température convenable.

FANCHETTE.

On dirait que vous ne m'aimez plus. (Pleurant.) Hi! hi!

PETIT-MUSC.

Allons, bon ! la scène des cataractes ! (Il plonge le bras dans le panier de Fanchette, et en tire un mouchoir blanc avec lequel il lui essuie les yeux.) Veux-tu bien ne pas pleurer comme ça ! Veux-tu bien ne pas te fourrer les poings dans les yeux tout de suite, ça te rend laide. Si tu pleures, je te retire ma pratique.

FANCHETTE.

Alors, si vous m'aimez, monsieur Anatole, pourquoi ne m'épousez-vous pas ?

PETIT-MUSC.

Ah ! bon !... ah ! bien !... autre guitare ! Je ne peux pas me marier, j'ai fait un serment.

FANCHETTE.

Alors, moi, je coifferai donc sainte Catherine ?

PETIT-MUSC.

Tu feras comme moi, tu resteras garçon. Tu verras comme ça sera gentil.

Air de MANGEANT.

Nous ferons tout comme autrefois :
Quand viendra le dimanche,
Pour aller courir dans le bois,
Passe ta robe blanche,
Mets ton bonnet
Frais et coquet !
Dans ta simple toilette,
Pour mon bonheur,
Cher petit cœur,
Reste toujours Fanchette.

ENSEMBLE.

Amours, printemps,
N'ont qu'un temps !
Pour que jeunesse
Et tendresse
Chez nous logent leurs chansons,
Restons garçons !

PETIT-MUSC.

DEUXIÈME COUPLET.

Quand tu te lèves, les matins,
En rêvant mariage...

FANCHETTE.

Tristement, c'est de mes serins
Que je fais le ménage.

PETIT-MUSC.

Ils ne font point
Devant l'adjoint
Un serment qu'on regrette.

FANCHETTE.

Ah ! s'ils parlaient...

PETIT-MUSC.

Ils te diraient :
« Reste toujours Fanchette. »

ENSEMBLE.

Amour, printemps,
N'ont qu'un temps.
Pour que jeunesse
Et tendresse
Chez nous logent leurs chansons,
Restons garçons !

PETIT-MUSC.

D'ailleurs, tu sais comme je suis logé petitement ; si je t'épousais, faudrait déménager, et j'ai un bail.

FANCHETTE.

Vous avez un bail ?

PETIT-MUSC.

De soixante ans... renouvelable.

FANCHETTE, avec un soupir.

Alors, j'attendrai.

PETIT-MUSC.

C'est bien plus raisonnable, va. Il y a des ménages si malheureux ! Tiens, vois la marquise de Brinvilliers, elle a empoisonné son mari. Avant de l'épouser, elle l'aimait bien, et, une fois mariée, elle a panaché ses aliments. Ça donne à réfléchir, ces choses-là ! Allons, donnez-moi le bras, Chéchette ! Je vais vous conduire jusqu'à la place du Palais-Royal. J'espère que je suis gentil, hein ?

REPRISE DE L'ENSEMBLE.

Restons garçons, etc.

(Petit-Musc reconduit Fanchette. — Ils sortent par la gauche.)

SCÈNE XI.

FUMICHON, puis HILDEBRAND.

FUMICHON, qui descend l'escalier, voyant Petit-Musc s'éloigner avec Fanchette.

Ah ! c'est trop fort ! c'est indécent ! Ils s'en vont bras dessus, bras dessous !

HILDEBRAND, entrant vivement par la gauche, essoufflé.

J'ai porté ce corset... Mais ce Ludovic me trotte dans la tête !... Peut-être est-il près d'elle !... Enfer !... Ma femme m'a dit : Couic !... Oh ! non, jamais, jamais !... J'étranglerais plutôt tous les Ludovic !... (Il monte rapidement l'escalier.)

FUMICHON, à part.

Ah çà! qu'est-ce qui lui prend donc au bourgeois? (Il rentre dans sa boutique.)

SCÈNE XII.

PLUCHEUX, puis AMÉLIE.

PLUCHEUX, entrant tout triste par la gauche.

Je n'en vends pas un seul... j'ai la guigne!... Si encore mams'elle Rosalie venait au rendez-vous que je lui ai donné!.. (Il soupire.)

AMÉLIE, qui a descendu l'escalier et s'avance avec précaution.

Personne!... Ah! je respire; il s'est lassé d'attendre, sans doute... Courons vite où j'ai affaire... (Elle écoute.) Et cette pluie qui ne s'arrête pas.

PLUCHEUX, à part.

Une cliente! (Haut.) Un parapluie, madame?

AMÉLIE.

Oui... Voyons...

PLUCHEUX, tirant de son fourreau un énorme parapluie rouge.

Voilà, madame.

AMÉLIE.

Mais il est affreux!

PLUCHEUX.

Pas du tout; c'est un rude article, allez!... (Ouvrant le parapluie.) Comme c'est établi, hein?... On peut défier les cheminées!... Ça dure vingt ans!

AMÉLIE.

Enfin, combien?...

PLUCHEUX.

Douze francs. (Amélie tire sa bourse.) Je vas étrenner!...

SCÈNE XIII.

LES MÊMES, PETIT-MUSC.

PETIT-MUSC, revenant.

J'en ai encore placé trois... Il ne m'en reste plus qu'un... Une femme!... (S'approchant.) Madame, pourrais-je vous offrir?.. (La reconnaissant.) Amélie!

AMÉLIE.

Edmond!...

PETIT-MUSC, étonné.

Edmond?... (A part.) Ah! oui, je varie mes petits noms!...

AMÉLIE, à Plucheux.

C'est bien, mon ami... Je n'ai plus besoin de votre parapluie... laissez-moi...

PLUCHEUX.

Encore !... Ah ! j'ai la guigne !...

PETIT-MUSC, à part, avec joie.

Amélie que je retrouve !... Quelle veine !

PLUCHEUX, avec solennité, et à part.

Mon Dieu, vous le voyez... je n'en vends pas un... Faites que Rosalie vienne, mon Dieu ! faites que Rosalie vienne !... (Il sort par la gauche.)

PETIT-MUSC.

C'est vous que je revois, Amélie ! vous que j'aimais... qui vous êtes conjointe à un vilain magot !..

AMÉLIE.

Edmond, écoutez-moi : j'ai eu l'imprudence de vous écrire quelques lettres... avant mon mariage... je vous en prie, rendez-les-moi.

PETIT-MUSC.

M'arracher cette littérature ? Jamais !...

AMÉLIE.

Je vous en supplie.

PETIT-MUSC, à part.

Au fait... c'est un moyen. (Haut.) Eh bien, oui, madame, je m'en séparerai. Je sacrifierai ces épaves de mon bonheur ; ces vergiss-men-nicht de ma jeunesse. Mais je ne puis les remettre qu'à vous... Où voulez-vous que je vous les rapporte ?

AMÉLIE, avec joie.

Ah !... Eh bien, ici, dans cette maison, au deuxième, l'escalier à gauche... Vous demanderez madame Hildebrand. (A part.) Je préviendrai Léonora. (Haut.) A deux heures !

PETIT-MUSC.

J'ai eu un prix d'exactitude dans mon enfance.

AMÉLIE.

Je compte sur votre parole.

PETIT-MUSC.

Comptez-y !

AMÉLIE.

Adieu ! (Elle s'enfuit par la gauche.)

PETIT-MUSC.

Vivat !.. j'ai retrouvé Amélie. J'ai placé tous mes parapluies, je n'ai pas perdu ma journée... Je suis le Titus du riflard ! (Il sort en chantonnant.)

Passage Radziwill,
De novembre en avril,
J'établis sans péril...

(Criant.) Chand d' parapluies !.. (Il disparaît.)

SCÈNE XIV.

HILDEBRAND, puis FUMICHON, puis CACHALOT.

HILDEBRAND, dans l'escalier.

Enfer!... malédiction!... sac à papier!... (Il tient les bottines vernies par Fumichon.) Un rendez-vous d'amour sous les bottines de Léonora! (Lisant ce qu'il y a d'écrit sous la bottine qu'il tient à la main gauche.) « Tâchez d'éloigner votre singe. » (Lisant ce qu'il y a d'écrit sous la bottine qu'il tient à la main droite.) « Je t'attends à onze heures, passage Colbert. » Infamie!... (Criant.) Fumichon! Fumichon!

FUMICHON, paraissant sur le seuil de sa boutique.

Mon bourgeois?

HILDEBRAND.

Quelqu'un a touché aux bottines de mon épouse?

FUMICHON.

Non... non, mon bourgeois... Ah! si!

HILDEBRAND, criant.

Qui? qui? qui?...

FUMICHON.

Le marchand de parapluies.

HILDEBRAND, éclatant.

C'est lui... c'est Ludevic!

CACHALOT, entrant vivement par la droite et très-essoufflé.

On vient de voir ma femme en conversation avec un marchand de parapluies... Si c'était...

HILDEBRAND.

Cachalot!...

CACHALOT.

Hildebrand!...

HILDEBRAND.

On lui donne des rendez-vous sous la semelle de ses bottines!

CACHALOT.

A ma femme?...

HILDEBRAND.

Non, à la mienne! un misérable, un satimbanque... un marchand de parapluies!

CACHALOT.

Un marchand de parapluies! c'est lui!

LA VOIX DE PETIT-MUSC, à droite.

Chand d' parapluies!..

HILDEBRAND.

Le voilà! courons!...

CACHALOT.

Courons!...

LA VOIX DE PLUCHEUX, à gauche.

Chand d' parapluies!.. chand!...

CACHALOT.

Encore un !

CACHALOT ET HILDEBRAND.

Sapristi!.. ils sont deux! (Ils restent atterrés.)

PETIT-MUSC ET PLUCHEUX, en dehors.

Chand de parapluies!...

ACTE DEUXIÈME.

La salle à manger des époux Hildebrand. — Porte d'entrée au fond, donnant sur une antichambre. — De chaque côté, de grandes armoires. — Une porte au deuxième plan, à gauche, conduisant à la cuisine. — A droite, premier plan, une porte conduisant à la chambre de Léonora; deux autres portes latérales; table, buffet, chaises.

SCÈNE PREMIÈRE.

LÉONORA, puis AMÉLIE.

(Au lever du rideau, la scène est vide; on entend sonner violemment et appeler dans la chambre à droite.)

LÉONORA, entrant par la droite.

Rosalie! Rosalie!... Est-ce qu'elle est devenue sourde?... Rosalie!... (Elle va ouvrir la porte de la cuisine, à gauche.) Comment! elle n'est pas dans sa cuisine! Encore sortie... un jour où nous avons du monde à dîner!... Cette fille se dérange .. Je crois qu'elle a des intrigues... (Après un moment.) Malgré moi, je songe à ce jeune homme aux parapluies... Il n'est pas mal, ce jeune toqué... Oui, son audace me plaît... J'aime cet esprit aventureux et prime-sautier... Ah! je sens que mon mari court des dangers... Mais non!... N'oublions pas ce que je dois à l'honneur des Cascarini. Combattons cette flamme naissante.. Tais-toi, mon cœur,tais-toi!...

AMÉLIE, paraissant au fond, avec précaution.

C'est moi... Tu es seule?

LÉONORA.

Amélie!... Oui, oui, entre donc!... Dieu merci, M. Hildebrand est sorti.

AMÉLIE, entrant.

Ah! ma chère Léonora, quelle frayeur j'ai eue, il y a une heure, quand j'ai aperçu dans le passage M. Cachalot!

LÉONORA.

Ton mari!...

AMÉLIE.

Par bonheur, j'ai pu m'échapper et me rendre chez mon agent de change pour mes petites obligations.

LÉONORA.

Tu achètes donc des obligations?

AMÉLIE.

Il faut bien faire comme tout le monde!... Je les ai en cachette de mon mari.

LÉONORA.

Ton mari est donc un grigou?

AMÉLIE.

Ah! je t'en réponds... et d'une jalousie! Un élève d'Otello, ma chère! S'il savait seulement que je te vois, toi, une amie de pension, il serait furieux... Je ne lui ai même pas dit que nous demeurions, comme toi, dans cette maison.

LÉONORA.

Ah bah! c'est à ce point-là?... Povera!

AMÉLIE.

Il ne veut pas que je fréquente des femmes... Il prétend que les femmes se donnent de mauvais conseils.

LÉONORA.

Quelle rengaine!... Et te laisse-t-il au moins voir des hommes?

AMÉLIE.

Des hommes! Ah bien, oui!... ni hommes ni femmes.

LÉONORA, riant.

Alors, il ne te reste plus que les Auvergnats.

AMÉLIE.

Parlons sérieusement. J'attends de toi un grand service.

LÉONORA.

Lequel? Explique-toi.

AMÉLIE.

Apprends, qu'avant mon mariage, j'avais aimé un jeune homme...

LÉONORA.

Qu'est-ce qui n'a pas eu son petit jeune homme... non, son petit roman... Moi-même...

AMÉLIE.

Toi aussi?

LÉONORA.

Oui, il s'agit d'un nommé Ludovic... un monsieur qui m'a prêté sept parapluies.

AMÉLIE, riant.

Sept parapluies!

LÉONORA.

Mais ensuite?... Continue.

AMÉLIE, reprenant son récit.

Ne pouvant nous parler, nous avions échangé quelques lettres...

LÉONORA.

Diavolo!... Et il a conservé les tiennes?

AMÉLIE.

Mon Dieu! oui, malgré toutes mes instances, toutes mes prières.

LÉONORA.

Parbleu! toujours la même histoire!... Mais aussi quelle folie d'écrire!

Air de *l'Ecu de six francs.*

Ah! quelle sottise, ma chère!
C'est, depuis le fruit défendu,
Par la manie épistolaire
Que notre sexe s'est perdu.
Par les poulets il fut toujours... mordu.

AMÉLIE.

Je reconnais mon imprudence...

LÉONORA.

Et tu voudrais, de peur d'abus,
Comme parfois les omnibus,
Supprimer la correspondance.
On ne peut, comme en omnibus,
Supprimer la correspondance.

AMÉLIE.

Ce matin, j'ai rencontré par hasard ce jeune homme... M. Edmond...

LÉONORA.

Il s'appelle Edmond? Joli nom!

AMÉLIE.

Ne pouvant le recevoir chez moi, je lui ai donné ton nom et ton adresse.

LÉONORA.

Imprudente!

AMÉLIE.

Il va venir; reçois-le, et obtiens qu'il me rende ces malheureuses lettres.

LÉONORA.

Mais, dis donc, c'est que...

AMÉLIE.

Ah! Léonora, je te devrai l'honneur et la vie!

LÉONORA.

Allons, soit! je consens!

AMÉLIE.

On sonne. C'est lui, sans doute.

LÉONORA.

Entre là, dans ma chambre.

ENSEMBLE.

Air : *Koukouli* (MANGEANT).

AMÉLIE.

Le voici ! (*bis*)
Je te laisse avec lui.
Confiance
En ton éloquence !
Peins-lui bien à grands traits
Mon effroi, mes regrets !
Enfin, sois adroite, et soustrais
Mes billets !

LÉONORA.

Le voici ! (*bis*)
Laisse-nous seuls ici !
Confiance
En mon éloquence !
Je lui peins à grands traits
Ton effroi, tes regrets.
Enfin, à tout prix, je soustrais
Tes billets !

(Amélie entre à droite ; Léonora referme la porte.)

SCÈNE II.

LÉONORA, PETIT-MUSC.

PETIT-MUSC, entrant par la porte du fond, et à part.

Au deuxième, la porte à gauche... ça doit être ici... (S'approchant.) Madame Hilde... ? (Poussant un cri à la vue de Léonora.) Oh!

LÉONORA, le reconnaissant.

Ciel !

PETIT-MUSC, à part.

Ma Vénitienne !

LÉONORA, à part.

Le jeune homme aux parapluies !... Oser vous introduire dans mon domicile !

PETIT-MUSC, à part.

Son domicile !... Ah bah !... Je me serai trompé d'étage !

LÉONORA.

Vous encore, téméraire !

PETIT-MUSC, gaiement.

Moi z-encore, téméraire ! (A part.) Si elle savait que je venais pour une autre !... (Haut et avec chaleur.) Enfin, je vous tiens tête à tête, *intrà muros !*

LÉONORA.

Mais, malheureux, songez donc que je suis mariée !

PETIT-MUSC.

Ça m'est bien égal ! Ah ! par exemple, voilà qui m'est bien égal !

LÉONORA.

Mon mari doit revenir à deux heures un quart.

PETIT-MUSC.

Eh bien, il n'est que deux heures... Nous avons quinze minutes devant nous, et quinze minutes, c'est l'éternité quand on s'aime... (Il veut lui prendre la taille.)

LÉONORA, se défendant avec dignité.

Jeune homme ! cessez ces manières, ce langage incongru !

PETIT-MUSC.

Soit ! Parlons de Venise. . de Venezzia la Bella, de l'Adriatique aux flots d'azur. Appelez-moi Pietro ! Chantons ensemble la barcarolle... Avez-vous une guitare, j'en gratte; je ne suis pas fort, mais j'en gratte...

LÉONORA.

Vous êtes trop gentilhomme pour vouloir abuser des services que vous m'avez rendus.

PETIT-MUSC.

Au contraire, mon intention est d'en abuser. Gentilhomme, mais canaille avec les femmes. Appelez-moi Pietro ! Qu'est-ce que ça vous fait?

LÉONORA.

Allons, en voilà assez ! Vos parapluies sont là, je les ai gardés !..

PETIT-MUSC.

Sur votre cœur?... Ah ! Léonora, dis-moi que tu les as gardés sur ton cœur, mes parapluies !...

LÉONORA, qui a été les prendre dans un coin.

Tenez, les voilà; le compte y est. Voyons, soyez gentil ; reprenez vos bibelots, et filez.

PETIT-MUSC.

Partir ?... Oh ! que nenni ! Moi pas quitter vous avant d'avoir touché location pour petits parapluies !

LÉONORA.

La location !... Combien ?... (Elle porte la main à sa poche.)

PETIT-MUSC.

De l'argent !... Ah ! fi donc ! j'exerce en amateur. Je ne prends rien qu'un baiser...

LÉONORA.

Un baiser?

PETIT-MUSC.

Par parapluie... c'est mon tarif. Il y a sept parapluies, c'est sept baisers que vous me devez.

LÉONORA.

Sept baisers !... Par exemple !

PETIT-MUSC.

Air du *Cabaret*.

Décidez-vous, ô belle dame !
De vos retards je suis surpris.

LÉONORA.

Je suis, mon cher, honnête femme,
Et je refuse un pareil prix.

PETIT-MUSC.

A ce mot-là je vous arrête,
De lui je tiens à m'étayer;
Ce qui prouve qu'on est honnête,
C'est de payer (*bis*).
Oui, plus une femme est honnête,
Plus son devoir est de payer.

LÉONORA.

Permettez, jeune homme...

PETIT-MUSC.

Au fait, tenez, je réfléchis... Je suis accommodant, je me contenterai d'un à-compte.

LÉONORA.

Un à-compte?

PETIT-MUSC.

A présent que je connais la maison, je repasserai pour le surplus.

LÉONORA.

Non pas! Je vous le défends! (A part.) Et l'honneur des Cascarini!

PETIT-MUSC.

Alors, c'est différent, je reste.

LÉONORA.

Hein!

PETIT-MUSC.

Io resto!

LÉONORA.

Malgré moi?

PETIT-MUSC.

Malgré vous, malgré tout; jusqu'à entier payement de mon dividende.

LÉONORA.

C'est un peu violent!

PETIT-MUSC.

Voilà comme je suis! Gentilhomme, mais canaille avec les femmes! Je m'implante, je m'incruste ici. (Il prend une chaise et s'assied.)

LÉONORA.

Ah! c'est comme ça!... A votre aise! Restez si ça vous amuse; je vous cède la place.

PETIT-MUSC.

Hein?... plaît-il?

LÉONORA.

Je rentre chez moi, où je vais attendre qu'il vous convienne de me laisser en repos.

PETIT-MUSC, se levant.

Mais... permettez...

LÉONORA.

Adieu, jeune homme!... *Addio... per sempre.* (A part.) De l'œil!... de l'énergie!... Ah! que mon mari se tienne bien!... (Elle entre à droite et ferme la porte.)

SCÈNE III.

PETIT-MUSC, puis PLUCHEUX.

PETIT-MUSC, seul.

Comment!... elle me plante là... per sempre! (Courant à la porte et appelant.) Madame!... Belle Léonora!... (On entend mettre le verrou.) Bon! elle se calfeutre!... Sapristi! Je ne vais pas m'amuser du tout... Ah! une idée!... Si, en attendant, je montais chez Amélie?... Elle doit demeurer dans cette maison, puisqu'elle m'y a donné rendez-vous. C'est sans doute à l'étage au-dessus... Allons-y... bah! allons-y!... (Il sort vivement et se cogne avec Plucheux qui vient de paraître à la porte du fond.)

PLUCHEUX.

Oh!...

PETIT-MUSC.

Sapristi!...

PLUCHEUX.

Pardon, je...

PETIT-MUSC.

Tiens! le marchand de parapluies!

PLUCHEUX.

Mon concurrent!

PETIT-MUSC.

Faites donc attention, imbécile!... (Il sort.)

SCÈNE IV.

PLUCHEUX, seul.

Imbécile!... Ah! mais... dites donc, vous!... (S'arrêtant.) Chut!... ne crions pas, et cherchons tout doucement Rosalie... Elle n'est pas venue passage Colbert... j'ai fait le pied de grue pendant plus de trois quarts d'heure... Enfin, dévoré d'amour et de jalousie, je me suis risqué à monter chez ses bourgeois... Je suis marchand de parapluies... si l'on me surprend, je dirai que je suis venu pour négocier un riflard... Voyons, cherchons-la... Elle doit être dans sa cuisine... (Il regarde de tous côtés. Voyant s'ouvrir la porte de droite.) Quelqu'un!... c'est peut-être... (Amélie paraît.) Oh! pincé! J'ai la guigne! (Il se tient à l'écart et reste immobile.)

SCÈNE V.

PLUCHEUX, AMÉLIE.

AMÉLIE, à voix basse, à la cantonade.

Oui, oui... c'est convenu, je vais lui parler.

PLUCHEUX, à part.

C'est la bourgeoise !...

AMÉLIE, refermant la porte et à part.

Léonora m'a chargé de renvoyer son adorateur... ce M. Ludovic... essayons...

PLUCHEUX, à part.

Elle m'a vu !... (Haut et criant.) Chand d' parapluies !...

AMÉLIE, à part.

Mais c'est lui qui, tout à l'heure, m'a abordée dans le passage. Comment !... il a recours à de pareils déguisements !... (Haut.) Monsieur...

PLUCHEUX, s'approchant.

Chand d' parapluies !... Faut-il un beau parapluie... pas cher ?...

AMÉLIE.

Oh ! monsieur, cessez de feindre !.. Je sais tout.

PLUCHEUX, à part.

Aïe !... J'ai la guigne !

AMÉLIE.

Monsieur, vous êtes un honnête homme, n'est-ce pas ?

PLUCHEUX, naïvement.

Dame ! je paye mon terme.

AMÉLIE.

Eh bien, votre persistance est inutile.

PLUCHEUX.

Ma persistance ?...

AMÉLIE.

La personne que vous vous obstinez à attendre ne viendra pas.

PLUCHEUX.

Ah bah !... vous croyez ? C'est embêtant !...

AMÉLIE.

Voyons, monsieur, ce n'est pas à l'homme passionné que je m'adresse, c'est à l'homme du monde... Soyez généreux... Elle n'est pas indifférente à votre amour...

PLUCHEUX, avec joie.

Vrai ?... Et moi qui croyais qu'elle en tenait pour le caporal !...

AMÉLIE, étonnée.

Le caporal !... Quel caporal ?

PLUCHEUX.

Le caporal Ben-Mulei-al-Radji... du 2e zouaves, un Turc !...

AMÉLIE.

Un Turc !... Vous êtes fou !

PLUCHEUX.

Mettons que je m'ai trompé.

AMÉLIE.

Seulement, vous devez comprendre qu'elle n'est pas libre.

PLUCHEUX.

Pardié !...

AMÉLIE.

Et, dans sa position, une liaison...

PLUCHEUX.

Oh! quant à une liaison, ça n'est pas ça qui l'embarrasse...

AMÉLIE.

Comment !... Mais n'a-t-elle pas des dévoirs?

PLUCHEUX.

C'est clair !... Le ménage... le récurage... la pot bouille...

AMÉLIE, à part.

Étrange choix d'expressions !... Et je m'étonne que Léonora...

PLUCHEUX.

Et, comme ça, vous veniez ?..

AMÉLIE.

Je venais vous prier, de la part de mon amie...

PLUCHEUX, à part.

Son amie ! C'est quelque femme de chambre de grande maison.

AMÉLIE.

De renoncer à la compromettre... de vous retirer au plus tôt.

HLUCHEUX.

Bon... bon... compris !

AMÉLIE.

M. Hildebrand ne peut tarder à rentrer...

PLUCHEUX.

Le bourgeois ?

AMÉLIE.

Et s'il vous trouvait chez lui...

PLUCHEUX.

Ah ! fichtre !... je n'en ai pas envie.

AMÉLIE, vivement.

Alors, vous consentez donc?

PLUCHEUX.

A filer? Oui... oui, je m'en vas.

AMÉLIE, à part.

Que me disait donc Léonora?

PLUCHEUX, à part.

J'écrirai à ma bonne amie pour lui demander un autre rendez-vous. (On entend du bruit en dehors, au fond.)

AMÉLIE.

On vient! Ah! mon Dieu! si c'était...

PLUCHEUX.

Le bourgeois? Décidément, j'ai la guigne!

AMÉLIE, allant ouvrir une porte à gauche.

Passez par ici... vous trouverez l'escalier de la cuisine.

PLUCHEUX.

Bien... je me sauve!

ENSEMBLE.

Air de *Gastibelza.*

AMÉLIE.

Pas de bruit!... Prudemment
Quittez cet appartement,
Et surtout, de venir,
Gardez-vous à l'avenir!

PLUCHEUX.

Décampons vivement,
Quittons cet appartement!
Le bourgeois va venir,
Commençons par déguerpir!

(Il sort par la gauche. Amélie referme la porte.)

SCÈNE VI.

AMÉLIE, PETIT-MUSC.

AMÉLIE, à part.

C'est égal, Léonora a un singulier goût!

PETIT-MUSC, entrant par le fond, et à part, sans voir Amélie.

Au troisième, c'est un pédicure; au quatrième, une sage-femme.

AMÉLIE.

Edmond!

PETIT-MUSC.

C'est elle!... Amélie, voilà une heure que je vous cherche... dans tous les coins... Ah çà! ce nom d'Hildebrand, ce domicile que vous m'avez indiqué?

AMÉLIE, souriant.

Sont ceux d'une amie, chez qui vous êtes!

PETIT-MUSC.

Je comprends! c'était une ruse... (Riant.) Je ne vous en veux pas... (La lutinant.) Je te pardonne, ô Amélie!

AMÉLIE.

Voyons, restez tranquille!... Où sont mes lettres?

PETIT-MUSC.

Vos lettres?

AMÉLIE.

Les avez-vous apportées?

PETIT-MUSC.

Non... J'avoue que j'ai négligé ce détail.

AMÉLIE!

Comment?

PETIT-MUSC.

Elles sont dans mon armoire à glace... et je ne sors jamais avec mon palissandre.

AMÉLIE.

C'est très-sérieux, monsieur! Il faut que vous me les rendiez, je l'exige!

PETIT-MUSC.

Soit... j'y consens... mais à une condition...

AMÉLIE.

Une condition?

PETIT-MUSC.

Toute petite.

AMÉLIE.

Ah! monsieur Edmond... je vous croyais un galant homme!

PETIT-MUSC.

Galant homme, mais canaille avec les femmes.

AMÉLIE.

Enfin, parlez, cette condition?

PETIT-MUSC.

Eh bien, je m'engage, sur l'honneur, à vous rendre vos pattes de mouches... hein! c'est gentil, ça!... je m'engage à vous les restituer; mais...

AMÉLIE.

Mais?..

PETIT-MUSC.

Chez moi... venez déjeuner un matin... Faut toujours que vous déjeuniez, n'est-ce pas?

AMÉLIE.

Jamais, monsieur!

PETIT-MUSC.

Jamais?

AMÉLIE.

C'est impossible... je refuse.

PETIT-MUSC, suppliant.

Amélie, rappelle-toi nos serments?... Tu es ma première passion, Amélie!... ma première pâquerette, mon unique myosotis!

AMÉLIE, d'un air de doute.

Monsieur Edmond...

PETIT-MUSC.

Faut-il te le jurer à genoux?... Tiens, m'y voilà!... (Il s'y met.)

AMÉLIE, effrayée.

Edmond!

SCÈNE VII.

LES MÊMES, LÉONORA.

LÉONORA, entrant par la droite.

Corpo di Bacco!

PETIT-MUSC.

Léonora! Je n'y pensais plus!

LÉONORA.

Ludovic!

AMÉLIE.

Non, Edmond!

LÉONORA.

Pourquoi êtes-vous à genoux, monsieur?

PETIT-MUSC.

C'est bien simple... je vous attendais, et alors...

SCÈNE VIII.

LES PRÉCÉDENTS, FANCHETTE.

FANCHETTE, entrant par le fond.

J'apporte le linge... Ciel!

PETIT-MUSC, à part.

Fanchette! Voilà le bouquet!

FANCHETTE.

Monsieur Anatole ici!

AMÉLIE.

Non, Edmond!

LÉONORA.

Mais non, Ludovic!

FANCHETTE.

Hein?... que faisiez-vous à genoux?

PETIT-MUSC.

Oh! c'est bien simple... je t'attendais, et alors...

LÉONORA.

Oh! oh! tout ça n'est pas clair... il me faut des explications...

AMÉLIE ET FANCHETTE.

Et à moi aussi!

PETIT-MUSC.

Mais je ne demande qu'à en donner des explications. Voici la chose...

FANCHETTE.

Quelqu'un !

LÉONORA.

M. Hildebrand, sans doute !

AMÉLIE.

Ou mon mari, qui m'aura suivie.

LÉONORA, à Amélie.

Rentrons. (A Fanchette.) Et vous, la blanchisseuse, allez m'attendre à la cuisine.

FANCHETTE.

Oui, madame. (Amélie et Léonora entrent à droite. Fanchette sort par la gauche.)

SCÈNE IX.

PETIT-MUSC, puis HILDEBRAND.

PETIT-MUSC, se relevant.

Un mari!... peut-être deux ! Où me fourrer ? Si encore je pouvais lui dérober mon galbe ! (Frappé d'une idée.) Ah ! (Il ouvre vivement un des parapluies qu'il avait déposés sur une chaise, l'ouvre et se met dessous à couvert.)

HILDEBRAND, entrant par le fond, et tenant à la main une paire de bottines.

Encore un rendez-vous ! (Apercevant le parapluie sous lequel est Petit-Musc.) Que vois-je?...

PETIT-MUSC, à part.

Si je pouvais filer!

HILDEBRAND, à part.

Un parapluie qui marche! des jambes mâles ! (Il s'approche et regarde sous le parapluie, malgré Petit-Musc, qui cherche à lui dérober son visage. Enfin il l'aperçoit et pousse un cri d'effroi. — A part.) Hagne !... Le jeune homme que j'ai rencontré chez Fanchette ! (Il recule effrayé et ouvre un autre parapluie.) Cachons-lui mon ovale !

SCÈNE X.

PETIT-MUSC et HILDEBRAND, tous deux cachés sous les parapluies; PLUCHEUX, entrant par le fond, un parapluie sous le bras.

PLUCHEUX, à lui-mêms.

Elle doit m'attendre, et... (Apercevant les deux autres.) Oh!... ah !... (Il ouvre vivement un énorme parapluie rouge et se cache dessous.)

HILDEBRAND, apercevant le parapluie de Plucheux, et à part.

Encore un !... C'est Ludovic !

PETIT-MUSC, à part.

Ah çà ! il pleut donc des parapluies ici ?

ENSEMBLE, sous les parapluies.

Air de *Nabucco*.

PETIT-MUSC.

Oh! cristi! quelle aventure!
Pour les maris que voici,
Quand je cache ma figure
Ils cachent la leur aussi!

PLUCHEUX, à part.

La singulière aventure!
Que font ces hommes ici,
Qui se cachent la figure?
Je cache la mienne aussi!

HILDEBRAND, à part.

La singulière aventure!
Pourquoi ces hommes ici?
Dérobons-leur ma figure
Et dérobons-nous aussi!

(Ils remontent tous les trois et se heurtent à la porte du fond.)

HILDEBRAND.

Courons chercher des armes! (Il sort vivement.)

SCÈNE XI.

PETIT-MUSC, PLUCHEUX.

(Ils se voient et ferment leurs parapluies.)

PLUCHEUX.

Encore vous!

PETIT-MUSC.

Maladroit! animal!

PLUCHEUX.

Ah! mais, à la fin, vous m'asticotez! (Ils vont pour se prendre au collet. On entend du bruit.)

PETIT-MUSC.

Chut!

PLUCHEUX.

Quoi?

PETIT-MUSC.

Je l'entends qui revient.

PLUCHEUX, regardant par la serrure.

Ciel! avec un sabre! Où nous mettre?

PETIT-MUSC.

Où nous fourrer? (Courant à la porte de droite.) Fermée!

PLUCHEUX, courant à celle de gauche.

Verrouillée aussi!

PETIT-MUSC.

Nous sommes bloqués, pincés!

PLUCHEUX.

Ah! une armoire!

PETIT-MUSC.

Un portemanteau! Ah! (Il se cache dans l'armoire de droite; Petit-Musc se jette dans celle de gauche.)

SCÈNE XII.

PETIT-MUSC et PLUCHEUX, cachés, HILDEBRAND, puis LÉONORA.

HILDEBRAND, entrant, un sabre de garde national à la main.

J'ai pris mon sabre civique, et... (Regardant.) Où sont-ils?... Dans la chambre de ma femme peut-être? (Allant frapper à la porte de droite.) Ouvrez, madame! ouvrez!... si vous n'êtes pas un lâche!

LÉONORA, entrant.

Ah! mon Dieu! pourquoi cet attirail guerrier?

HILDEBRAND.

Madame!

LÉONORA, à part.

Il est parti, sans doute. (Haut.) Est-ce pour recevoir nos invités?

HILDEBRAND.

Mes invités?

LÉONORA.

Certainement!.. Les voici qui arrivent.

HILDEBRAND.

Eux! en ce moment! Ah! je bous, j'écume!

LÉONORA.

Mais qu'avez-vous donc?

HILDEBRAND.

Madame, il y a ici un séducteur.

LÉONORA, à part.

Ciel! il l'a vu!

HILDEBRAND.

Il se cache, le couard!... Mais je le trouverai... (Brandissant son sabre.) Je le tuerai.

PLUCHEUX, à part, entr'ouvrant l'armoire.

Ah! fichtre!

PETIT-MUSC, même jeu.

Ah! bigre!

LÉONORA.

Vous le tuerez?...

HILDEBRAND.

Comme un lapin!... La loi m'y autorise..

LÉONORA.

Vous êtes fou!

HILDEBRAND.

Voyons, où est-il?... où l'avez-vous fourré?

PLUCHEUX, à part.

Ah! saperlotte!

HILDEBRAND.

Oh!... là, dans cette armoire! (Il court à l'armoire de droite, dont il secoue la porte qu'on retient en dedans.)

LÉONORA, à part.

Pourvu que ce ne soit pas...

PETIT-MUSC, entr'ouvrant son armoire et bas.

Pst!... Je suis là!...

LÉONORA, à part.

Ludovic!...

PETIT-MUSC.

Chut!... (Il referme l'armoire.)

HILDEBRAND, tirant toujours la porte de l'armoire.

Sortez, monsieur, sortez!... (La porte cède et Plucheux est précipité en scène.)

PLUCHEUX, pâle et défait, à part.

Saperlotte!... j'ai la guigne!...

LÉONORA, à part.

Quel est cet intrus?...

HILDEBRAND.

Eh bien, madame, nierez-vous, à présent?...

LÉONORA, à part.

Sauvons Ludovic!

PLUCHEUX, à part.

Je suis fâché d'être venu ici...

HILDEBRAND, à Léonora.

Vous voilà confondue!...

LÉONORA.

Eh bien, oui, monsieur, j'avoue...

PETIT-MUSC, à part.

Ah bah!

PLUCHEUX, à part, étonné.

Elle avoue quoi?... (Petit-Musc entr'ouvre l'armoire et écoute.)

LÉONORA.

Est-ce ma faute si monsieur me fait la cour?...

PLUCHEUX, très-surpris.

Hein!...

LÉONORA.

S'il me suit partout, comme un carlin?...

PLUCHEUX.

Moi?... je vous suis?...

HILDEBRAND.

Ah! tu suis ma femme!...

PLUCHEUX.

Mais non... mais non...

LÉONORA, continuant.

Enfin, il m'inonde de ses parapluies.

PLUCHEUX.

Moi?...

HILDEBRAND.

Ah! tu offres des parapluies à ma femme?

PLUCHEUX.

Mais du tout!... Permettez...

LÉONORA.

Niez donc que vous m'ayez suivie, importunée de vos soupirs, de vos déclarations?...

PLUCHEUX.

Par exemple!... Ah! c'est trop fort!...

HILDEBRAND, brandissant son sabre.

Ah! gredin!... je vais te tuer!

LÉONORA, se jetant entre eux.

Le tuer?... Non, non!

PLUCHEUX.

Me tuer!... Mais je m'y oppose! En voilà un enragé!... Retenez-le!

HILDEBRAND.

Je n'écoute rien!...

SCÈNE XIII.

LES MÊMES, AMÉLIE, entrant par la droite.

AMÉLIE.

Arrêtez!

LÉONORA ET PETIT-MUSC, à part.

Amélie!

PLUCHEUX, à part.

La femme de chambre de ce matin!

HILDEBRAND, étonné.

Quelle est cette dame?

AMÉLIE, à part.

Sauvons Léonora! (Haut.) Je ne puis souffrir que mon amie se sacrifie pour moi.

PLUCHEUX, à part.

Son amie!..

LÉONORA, à part.

Que dit-elle?

AMÉLIE.

Elle vous trompait pour me justifier.

HILDEBRAND.

Comment?...

PLUCHEUX, respirant.

Ah!... à la bonne heure!

AMÉLIE.

C'est pour moi que monsieur est venu.

PLUCHEUX.

Hein?... plait-il?...

HILDEBRAND.

Pour vous?

PETIT-MUSC, à part.

Ça se corse! ça se corse!

AMÉLIE.

Il me rapporte des lettres dont dépendent mon honneur et mon repos...

PLUCHEUX.

Des lettres?... qu'elles lettres?... mais je n'ai pas de...

AMÉLIE.

Ne niez pas, Edmond!

PLUCHEUX, très-étonné.

Edmond?... (Appuyant.) moi Edmond?...

SCÈNE XIV.

LES MÊMES, CACHALOT, puis QUATRE INVITÉS et FANCHETTE.

CACHALOT, qui vient d'entrer par le fond, pendant les derniers mots.

Edmond!... le nom de ses rêves!

HILDEBRAND.

Cachalot!

AMÉLIE.

Ciel! mon mari!

LÉONORA ET PLUCHEUX.

Son mari!...

PETIT-MUSC, à part, refermant la porte qu'il entr'ouvrait.

Ça va! ça va!

CACHALOT, s'approchant d'Amélie.

Vous ici, madame? (Montrant Plucheux.) Et cet homme s'appelle Edmond?...

PLUCHEUX.

Moi?... mais du tout!... Je suis Plucheux, marchand de parapluies...

HILDEBRAND.

De parapluies!... Alors, c'est donc toi?...

PLUCHEUX.

Mais non, mais non... (A part.) Est-ce que ça va recommencer?

HILDEBRAND, prenant un parapluie.

Ah! brigand!

CACHALOT, en prenant un autre.

Ah! vil suborneur!

PLUCHEUX.

Tous les deux, à présent!...

CACHALOT ET HILDEBRAND.

Laissez-moi!... (Ils frappent sur Plucheux, qui se défend avec un parapluie. — Les invités entrent en ce moment et reçoivent les coups.)

LES INVITÉS.

Eh bien? eh bien?... (Ils prennent aussi des parapluies pour se défendre. La bataille devient générale.)

FANCHETTE, entrant par la gauche.

Ah!...

ENSEMBLE.

Air : Finale du IVe acte de *Mimi Bamboche*.

LES INVITÉS.

Quel bruit! quel ton!
La drôle de maison!
A dîner en ce gîte,
Eh quoi! l'on nous invite;
Puis, au lieu de dîner,
Faut s'échiner!

CACHALOT ET HILDEBRAND.

Pardon! pardon!
Mais je suis furibond!
La colère m'agite,
Et cet homme m'irrite;
Je veux, avant dîner,
Le bâtonner!

LES TROIS FEMMES.

Pardon! pardon!
Mais écoutez-moi donc!
La fureur vous excite.
Allez-vous donc si vite,
Sans rien examiner,
Le bâtonner?

PLUCHEUX.

Pardon! pardon!
Mais écoutez-moi donc!
La fureur vous agite!
Cette bande maudite
Va-t-elle, avant dîner,
M'assassiner?

(Plucheux se sauve par la première porte de gauche; on le poursuit. Léonora et Amélie cherchent à retenir leurs maris.)

SCÈNE XV.

PETIT-MUSC, FANCHETTE, LÉONORA, AMÉLIE.

PETIT-MUSC, à part, sortant de l'armoire.

Je crois que c'est le moment d'aller boire une chope... à Strasbourg!...

FANCHETTE, se mettant devant la porte du fond.

Un instant!...

PETIT-MUSC.

Fanchette!... Laisse-moi passer!... il y va de ma vie!...

FANCHETTE.

M'épousez-vous?

PETIT-MUSC.

Non.

FANCHETTE.

Alors, vous ne sortirez pas!

PETIT-MUSC.

Ah! sapristi!

AMÉLIE.

Il me faut mes lettres!

LÉONORA.

Et à moi, une explication!

PETIT-MUSC.

Pardon!... je n'ai pas le temps! Bonsoir!

LES TROIS FEMMES.

Vous ne sortirez pas!...

PETIT-MUSC.

Sapristi!.. ils reviennent... ils vont me voir!... (Plucheux, toujours poursuivi par Hildebrand et Cachalot, rentre par la deuxième porte de gauche. Cachalot arrive après lui et aperçoit Petit-Musc.)

SCÈNE XVI.

LES MÊMES, TOUT LE MONDE.

CACHALOT.

Ah!... encore un!...

PETIT-MUSC.

Fuyons!... (Il sort par la deuxième porte de droite, ainsi que Plucheux.)

CACHALOT, rentrant.

Ils sont deux!...

HILDEBRAND.

C'est l'autre!... (Ils s'élancent à droite, malgré Léonora et Amélie qui cherchent à les retenir; les invités les suivent. A peine ont-ils disparu, que Petit-Musc reparaît par le première porte de droite.)

PETIT-MUSC.

Sapristi!... sauve qui peut!.. (Il s'élance par le fond. — Rentrent tous les personnages poursuivant Plucheux. — Mêlée générale.)

REPRISE DE L'ENSEMBLE.

ACTE TROISIÈME.

L'intérieur d'une boutique de décrotteur, chez Fumichon, passage Radziwill : porte d'entrée et vitrage au fond, avec des pots de cirage, des brosses, etc. De chaque côté de la boutique, les banquettes où s'asseyent les pratiques ; portes latérales au premier plan ; par le vitrage et la porte du fond, on aperçoit le passage.

—

SCÈNE PREMIÈRE.

FUMICHON, DEUX GARÇONS, en train de cirer trois pratiques assises sur les banquettes.

CHŒUR.

Air :

Travaillons,
Dépêchons,
Et cirons,
Et brossons !
Du courage
A l'ouvrage !
Car bientôt du dîner
Pour nous l'heur' va sonner ;
Il ne faut pas flâner !

(Pendant la reprise du chœur, les garçons ont fini de cirer les chaussures des pratiques, qui payent et s'en vont.)

FUMICHON, aux deux garçons.

La ! Maintenant, vous autres, allez dîner, et surtout ne flânez pas. Vous voyez que l'ouvrage donne !

LES DEUX GARÇONS, en s'en allant.

Oui, patron.

FUMICHON, sur le devant.

Sont-ils heureux ! ils vont dîner ! Moi, je n'ai pas le cœur à l'appétit ! O Fanchette ! Fanchette ! (On entend un bruit de pas précipités.) Quel est ce bruit ? (A ce moment, on voit entrer simultanément, par les deux portes du fond, Petit-Musc et Plucheux qui vont, viennent, se croisent, se cognent sans mot dire, et paraissent en proie à la plus vive agitation.)

FUMICHON.

Eh bien, qu'est-ce qu'il y a? qu'arrive-t-il ? (Plucheux et Petit-Musc sortent comme ils étaient entrés.) Qu'est-ce qu'ils ont donc, ces particuliers-là?

SCÈNE II.

FUMICHON, FANCHETTE, entrant.

FANCHETTE.

Ah bien, il s'en passe de drôles chez vos voisins Hildebrand !

FUMICHON.

Quoi donc?

FANCHETTE.

Oh! le monstre!

FUMICHON.

Qui?

FANCHETTE.

Le traître ! le perfide !

FUMICHON.

Qu'avez-vous donc, cousine?

FANCHETTE.

J'ai... que je suis furieuse contre M. Anatole... un coureur, un volage!

FUMICHON.

La ! je vous l'avais bien dit; tandis que moi je suis fidèle, et j'épouse.

FANCHETTE, pleurant.

C'est vrai ?

FUMICHON.

Et si vous étiez bien raisonnable, vous ne penseriez plus à l'autre.

FANCHETTE.

Oh! je n'y pense plus!

FUMICHON.

Et vous m'épouseriez !

FANCHETTE.

Quand ça ne serait que pour le faire enrager.

FUMICHON.

Quoi! vraiment?

FANCHETTE.

Eh bien, je ne dis pas non ! (A part, en s'en allant.) En attendant, je vais lui signifier que je ne veux plus le revoir.

SCÈNE III.

FUMICHON, puis HILDEBRAND et CACHALOT.

FUMICHON, seul.

Quel bonheur !... je suis le plus fortuné des décrotteurs.

HILDEBRAND, entrant, un parapluie à la main.

Où est-il ?

FUMICHON.

Qui ?

CACHALOT, entrant précipitamment avec un parapluie.

L'avez-vous vu ?

FUMICHON.

Mais qui ?

HILDEBRAND.

L'amoureux de ma femme ?

CACHALOT.

Le séducteur de mon épouse ?

FUMICHON, étonné.

L'amoureux, le séducteur !... Connais pas !...

HILDEBRAND.

Les gredins !... où sont-ils passés ?

CACHALOT.

Nous les tenions, quoi !... nous les tenions !

FUMICHON.

Ils seront peut-être sortis du passage.

HILDEBRAND.

Impossible !... mes invités en gardent les issues.

CACHALOT.

Ils sont cernés, complétement cernés.

FUMICHON.

En ce cas, vous ne pouvez manquer de les pincer.

HILDEBRAND, à Fumichon.

Je m'installe ici !

CACHALOT.

Je m'y incruste !

TOUS DEUX.

Et malheur à eux !

FUMICHON.

A votre aise, messieurs. Vous garderez ma boutique, je vais reporter ces escarpins.

ENSEMBLE.

Air :

FUMICHON.

Vite, en route !
(A part.)
Sans nul doute,

Son cœur enfin se rendra!
Oui, j'espère
Qu'à lui plaire
Mon amour parviendra!

HILDEBRAND ET CACHALOT.

Vite, en route!
Coût' que coûte!
Tous deux nous resterons là.
Du mystère!
Je l'espère,
Bientôt on les pincera!

(Fumichon sort.)

SCÈNE IV.

HILDEBRAND, CACHALOT.

HILDEBRAND.

Maintenant, ne bougeons pas, et attendons.

CACHALOT.

Mais, dis donc, Hildebrand?

HILDEBRAND.

Quoi?

CACHALOT.

Je fais une réflexion... Ils peuvent nous voir à travers les carreaux.

HILDEBRAND.

Tu crois, Cachalot?

CACHALOT.

Alors, ils se méfieront... ils retourneront se cacher dans quelque coin... et nous ne serons pas plus avancés.

HILDEBRAND.

Hagne!... Je ne pensais pas à ça, moi!

CACHALOT.

Si encore nous pouvions nous déguiser un peu...

HILDEBRAND.

Oui, je te comprends, frère!

CACHALOT.

Changer nos physionomies...

HILDEBRAND.

Mais, avec quoi?

CACHALOT.

Il nous faudrait... comme qui dirait des casquettes... ou des bonnets grecs...

HILDEBRAND.

En cherchant, peut-être trouverons-nous.. (Il regarde autour de lui.)

ENSEMBLE.

Air de *la Casquette.*

Oui, cherchons
Des casquettes. (*bis.*)
Empruntons
Des casquettes
Aux garçons.

CACHALOT.

Dans ces cabinets,
Par ces objets
Complétons nos toilettes.

HILDEBRAND.

Nos gredins sont sûrs d'être agrafés
Si nous sommes coiffés.

REPRISE ENSEMBLE.

Oui, cherchons, etc.

(Ils entrent dans le cabinet à droite; à peine sont-ils sortis, que la porte du fond s'ouvre brusquement et Petit-Musc paraît.)

SCÈNE V.

PETIT-MUSC, PLUCHEUX.

PETIT-MUSC, pâle et haletant.

Impossible de sortir de ce satané passage!... Toutes les portes sont gardées par les affidés du farouche Hildebrand.

PLUCHEUX, entrant vivement, très-pâle et très-essoufflé.

Une soupente... une malle... un trou de souris... n'importe quoi!

PETIT-MUSC.

Comment, vous voilà encore?

PLUCHEUX.

Toujours... On me traque, on me poursuit.

PETIT-MUSC.

Parbleu! moi aussi!

PLUCHEUX.

Ouf! quelle course! J'ai la rate sans connaissance.

PETIT-MUSC.

Nous sommes pris comme Léonidas aux Thermopyles.

PLUCHEUX.

Léonidas?

PETIT-MUSC.

Un casque célèbre de l'antiquité.

FLUCHEUX.

Que faire?... que devenir?

PETIT-MUSC, jetant un cri.

Ah! une idée!

PLUCHEUX.

Développez... développez!

PETIT-MUSC.

Il faut lasser ceux qui nous poursuivent.

PLUCHEUX.

Je veux bien, mais sans courir.

PETIT-MUSC.

Au contraire, en nous reposant.

PLUCHEUX.

Ça me va!

PETIT-MUSC.

Restons ici...

PLUCHEUX.

Mais le cireur nous fichera à la porte.

PETIT-MUSC.

Eh! non... Faisons-nous cirer... Montons sur ces banquettes ; je les loue pour la journée, pour la nuit. . Je les prends à l'heure... comme une citadine.

PLUCHEUX.

Je comprends... Montons! (Ils montent chacun sur une banquette, prennent le Gratis, le Tintamare, et cachent leurs figures derrière les journaux.)

PETIT-MUSC.

Les garçons!

PLUCHEUX.

Il était temps!

SCÈNE VI.

LES MÊMES, HILDEBRAND et CACHALOT, en garçons cireurs.

CACHALOT, à part.

Me voilà déguisé.

HILDEBRAND, à part.

Je dois être méconnaissable!

CACHALOT, à part.

Cristi! du monde!

ENSEMBLE.

Air de *l'Etoile du Nord.*

HILDEBRAND ET CACHALOT, à part.

O rencontre imprévue!
O tuile inattendue!
Grâce à ces deux farceurs,
Nous voilà (*bis.*) décrotteurs!

PETIT-MUSC ET PLUCHEUX, à part.

Point de sotte bévue!
Dérobons notre vue,
De peur des délateurs,
A ces vils (*bis.*) décrotteurs!

HILDEBRAND, à part.

Quelle humiliation pour le mari de l'arrière-petite-fille d'un doge!

CACHALOT, à part.

Quelle humiliation pour le mari de l'arrière-petite-fille d'un emballeur!

PETIT-MUSC.

Garçon, vernissez-moi!

PLUCHEUX.

Cirez-moi, garçon!

HILDEBRAND, bas, à Cachalot.

Dis donc, sais-tu vernir?

CACHALOT, bas.

Je vernis quelquefois... ma giberne, quand je suis de garde.

HILDEBRAND, désignant Petit-Musc.

Alors, vernis celui-ci... moi je me charge de cirer l'autre.

CACHALOT, bas.

Soit, résignons-nous!... Surtout, guettons toujours!

HILDEBRAND, bas.

Je cire, mais je guette!

PETIT-MUSC ET PLUCHEUX.

Eh bien, garçon?

HILDEBRAND ET CACHALOT.

On y va, messieurs, on y va! (Ils prennent des brosses et se mettent à cirer : Hildebrand Plucheux, et Cachalot Petit-Musc.)

PETIT-MUSC, à Cachalot.

Surtout, soignez-moi ça... N'épargnez pas le vernis, je ne suis pas pressé...

PLUCHEUX, à Hildebrand.

Mettez plusieurs couches... mes bottes en ont besoin... je ne suis pas pressé...

HILDEBRAND ET CACHALOT.

Voilà! voilà! (Tout en cirant Petit-Musc et Plucheux, ils regardent ce qui se passe au dehors, et donnent de grands coups de brosse à tort et à travers.)

PETIT-MUSC, poussant un cri.

Ah! saperlotte!... vous m'avez froissé un cor!

PLUCHEUX, de même.

Aïe!... mon ognon!

PETIT-MUSC.

Butor!

PLUCHEUX.

Animal! (Dans leur colère, ils baissent chacun leur journal; Cachalot et Hildebrand lèvent la tête et les reconnaissent.)

HILDEBRAND ET CACHALOT.

Ciel!

PLUCHEUX.

Hein?

PETIT-MUSC.

Quoi?

CACHALOT.

Ce sont eux!

HILDEBRAND.

Nos gredins!

PLUCHEUX.

Dieu!... les maris!

PETIT-MUSC.

Nous sommes pincés!

HILDEBRAND, saisissant Plucheux par une jambe, pendant que Cachalot saisit Petit-Musc par un pied.

Tenons-les bien!

PETIT-MUSC, se débattant.

Lâchez mon pied!

PLUCHEUX, de même.

Quittez mon mollet!

HILDEBRAND ET CACHALOT.

Jamais!

ENSEMBLE.

Air :

HILDEBRAND ET CACHALOT.

Ah! quelle heureuse aventure!
Ah! pour nous quelle capture!
Nous vous tenons,
Et point ne vous lâcherons!

PETIT-MUSC ET PLUCHEUX.

Ah! quelle horrible aventure!
Ah! nous voilà leur capture!
Nous lutterons,
Et nous leur échapperons!

(Pendant l'ensemble, une lutte s'est engagée; Hildebrand et Cachalot tirent par une jambe Petit-Musc et Plucheux, et une botte de chacun d'eux reste dans la main de chacun des maris.)

CACHALOT, agitant la botte de Petit-Musc.

Désarmé!

HILDEBRAND, agitant celle de Plucheux.

Je tiens une botte!...

CACHALOT.

J'en tiens une autre!

HILDEBRAND.

A présent, ils ne peuvent plus nous échapper... Allons chercher du renfort!

REPRISE DE LA DEUXIÈME PARTIE DU CHOEUR.

(Ils sortent vivement par la porte du fond, Petit-Musc et Plucheux se regardent d'un air piteux.)

SCÈNE VII.

PETIT-MUSC, PLUCHEUX.

PETIT-MUSC.

Eh bien, nous voilà gentils!

PLUCHEUX.

Il emporte ma botte droite!

PETIT-MUSC.

Il m'a filouté ma gauche!

PLUCHEUX.

Comment fuir ?... Impossible de sortir un pied chaussé et l'autre nu...

PETIT-MUSC, criant.

Oh!...

PLUCHEUX, effrayé.

Quoi encore?

PETIT-MUSC, sautant à bas de la banquette.

Il me vient une idée de sauvetage!

PLUCHEUX, sautant de la sienne et marchant à cloche pied.

Une idée de sauvetage!... Développez, développez!

PETIT-MUSC.

Voici la chose : — Otez votre botte.

PLUCHEUX.

Ma botte?

PETIT-MUSC.

Oui, je vous dirai pourquoi.

PLUCHEUX, ôtant sa botte.

Voilà!

PETIT-MUSC.

Apportez-la-moi!

PLUCHEUX.

Comment?

PETIT-MUSC.

Je vous dirai pourquoi.

PLUCHEUX.

Voilà!

PETIT-MUSC.

Merci! (Il met la botte de Plucheux.) Diable! elles ne sont pas exactement pareilles. Ce n'est pas les sœurs Lyonnet de la cordonnerie... mais, en frottant un peu celle-ci... (Il donne une brosse à Plucheux.) Frottez!..

PLUCHEUX.

Que je frotte?

PETIT-MUSC.

Oui... Allez... allez fort!... Je vous dirai pourquoi...

PLUCHEUX, après avoir frotté.

Voilà! c'est fait!

PETIT-MUSC.

Très-bien.

PLUCHEUX.

Et maintenant, vous allez me dire...

PETIT-MUSC.

Ah! vous voulez savoir pourquoi?

PLUCHEUX.

J'avoue que je suis assez curieux...

PETIT-MUSC.

Eh bien, c'était pour me sauver... bonsoir! (Il se sauve par le fond.)

SCÈNE VIII.

PLUCHEUX, seul, sautillant à cloche-pied.

Hein? comment! il se sauve avec ma botte, et il me laisse en simples chaussettes, en proie à la fureur de ces enragés! Quelle position pour un marchand de parapluies! J'ai l'air d'un planteur de cannes! Saperlotte! j'ai la guigne! Voyons donc si par hasard je ne trouverais pas... (Apercevant le cabinet de gauche.) Ah! par là!... J'envie le sort de Bastien! (Il entre dans le cabinet.)

SCÈNE IX.

PETIT-MUSC, LÉONORA, puis AMÉLIE, et ensuite HILDEBRAND et CACHALOT, suivis des INVITÉS.

LÉONORA, entraînant Petit-Musc.

Avancez à l'ordre, monsieur!

PETIT-MUSC.

Permettez, madame, permettez!

LÉONORA.

Des explications, monsieur, des explications, à l'instant! On ne jongle pas ainsi avec le cœur d'une femme!

PETIT-MUSC.

Mais enfin...

LÉONORA.

Tenez, vous n'êtes qu'un petit sauteur!

AMÉLIE, entrant vivement par le fond, à droite..

Ah! monsieur, qu'avez-vous fait!

PETIT-MUSC.

Ah! bon! à l'autre, à présent!

AMÉLIE.

Mon mari est furieux!... Et si vous ne me rendez mes lettres...

HILDEBRAND ET CACHALOT, paraissant.

Ensemble!

CACHALOT, s'élançant d'un côté.

Ah! coquin!

AMÉLIE.

Mon ami!..

PETIT-MUSC, s'élançant de l'autre.

Ah! brigand!

PETIT-MUSC, reconnaissant Hildebrand.

Que vois-je!... L'homme à la breloque!

TOUS.

Comment?

HILDEBRAND, à part.

Le jeune homme à Fanchette!... Hagne!

PETIT-MUSC.

Ah! c'est comme ça!... Tu me reproches de faire le don Juan avec les femmes mariées, et tu fais le Rochester avec les blanchisseuses de fin!

LÉONORA.

Qu'est-ce à dire? Une intrigue?

HILDEBRAND.

Mais, bonne amie...

LÉONORA.

Taisez-vous, monsieur!... Ah! vous guirlandiez avec une autre, quand, moi, je refoulais dans mon cœur les aspirations de mon amour!... Gustave, j'aime monsieur... Préparez-vous à mourir!

HILDEBRAND.

Hein?

TOUS.

A mourir!

LÉONORA.

Je vous pleurerai un an et un jour, conformément aux lois françaises... Après quoi, j'épouse ce jeune homme.

PETIT-MUSC.

M'épouser!... Ah! mais non! Couvrons-le de ridicule, mais ne le supprimons pas.

HILDEBRAND.

Fichtre! non!

CACHALOT.

A mon tour, maintenant.

PETIT-MUSC.

Allons, bien!... Qu'est-ce que vous réclamez, vous? Qu'est-ce que vous avez?

CACHALOT.

J'ai que je tiens Edmond, et je ne le lâche plus.

LÉONORA.

Allons, bon! encore Edmond! Du tout, c'est Ludovic!

CACHALOT.

Mais alors, où est cet infâme Edmond? Où se cache-t-il?...

SCÈNE X.

LES MÊMES, PLUCHEUX, puis FUMICHON, puis FANCHETTE.

PLUCHEUX, avec des bottes à l'écuyère.

Ah! j'ai des bottes... Elles sont trop larges, mais ça se fera.

CACHALOT ET HILDEBRAND.

C'est l'autre!

PLUCHEUX.

Ah! pincé!... Lâchez-moi!

FUMICHON, entrant.

Qu'est-ce que je vois là? Vous avez les bottes de mon meilleur client, les bottes de M. Dumaine!

PLUCHEUX.

Ah! c'est?.. Il est bien chaussé, Dumaine!

CACHALOT, le secouant.

Il ne s'agit pas de cela!

HILDEBRAND.

Oui... que faisais-tu chez moi?... Reconnais-tu cet autographe? (Il lui montre une bottine qu'il tire de sa poche.)

PLUCHEUX.

C'est une lettre d'amour que j'ai écrite.

HILDEBRAND.

A ma femme?

CACHALOT.

A la mienne?

PLUCHEUX.

Mais non!... à Rosalie, votre cuisinière!

LÉONORA, AMÉLIE, PETIT-MUSC.

Ma
La cuisisière!

CACHALOT.

Tu n'es donc point Edmond?

PLUCHEUX.

Moi?... Je suis Plucheux, l'homme à la guigne!

HILDEBRAND.

Bien vrai?

PLUCHEUX.

Je vous jure par tout ce qu'il y a de plus sacré, sur les bottes de M. Dumaine, que je suis Plucheux, chand d' parapluies, Maubuée-street, 14.

HILDEBRAND ET CACHALOT.

Mais, alors?..

PETIT-MUSC.

Alors, vous voyez que vous êtes deux imbéciles!...

CACHALOT ET HILDEBRAND.

Mais...

PETIT-MUSC.

Taisez-vous!... Tais-toi, quand je parle!... (A Cachalot.) Vous soupçonnez votre femme parce qu'elle a des rêves émaillés de noms d'homme... Qu'est que ça prouve?

HILDEBRAND.

C'est vrai... Qu'est-ce que ça prouve?

LÉONORA.

Taisez-vous!

PETIT-MUSC.

Tais-toi, quand je parle!... Ah! si vous aviez des preuves... (Rendant en cachette les lettres à Amélie.) Mais vous n'en avez pas!

HILDEBRAND.

Tu n'en as pas!

PLUCHEUX.

Vous n'en avez pas!

TOUS.

Il n'en a pas!

CACHALOT.

C'est vrai! je n'en ai pas!

PETIT-MUSC.

Et d'une!.. (A Léonora.) Quant à votre mari...

LÉONORA.

Ah! le stylet de ma mère me démange!

PETIT-MUSC.

Ne le grattez pas!... Tous les jours, on est entraîné... on perd la breloque... (Il la rend à Hildebrand.) Et, d'ailleurs, l'indulgence est le plus beau poignard d'une Vénitienne!... Et de deux!.. Ainsi vous pardonnez... madame Cachalot pardonne... Plucheux retire ses bottes et épouse Rosalie...

PLUCHEUX.

O bonheur! plus de guigne!

FUMICHON, voyant entrer Fanchette.

Et moi, j'épouse ma cousine Fanchette.

PETIT-MUSC.

L'épouser!... Comment? Ah! mais, pas du tout! Je l'aime!

FANCHETTE.

Alors, marions-nous.

PETIT-MUSC, hésitant.

Sapristi!... Enfin, nous recauserons de ça.

FANCHETTE.

Et votre bail de soixante ans?

PETIT-MUSC.

Oh! ça m'est égal!... La maison est à moi... je me donnerai congé.

CHŒUR FINAL.

Air du *Rondeau du premier acte.*

Passage Radziwill,
Quand je sors / il sort d'un péril,
Un autre m'/l'attend-il (*bis.*)
Passage Radziwill?

PETIT-MUSC, au public.

Indulgent et civil,
Pour nous, votant un bill,
Le public puisse-t-il
Louer, jusqu'en avril,
Passage Radziwill!

CHŒUR.

Passage Radziwill, etc., etc.

FIN.

LAGNY. — Typographie de A. VARIGAULT et Cie.

www.ingramcontent.com/pod-product-compliance
Ingram Content Group UK Ltd.
Pitfield, Milton Keynes, MK11 3LW, UK
UKHW021818190726
13853UKWH00003B/1048